minutos de inteligência

ESTRESSE E ANSIEDADE

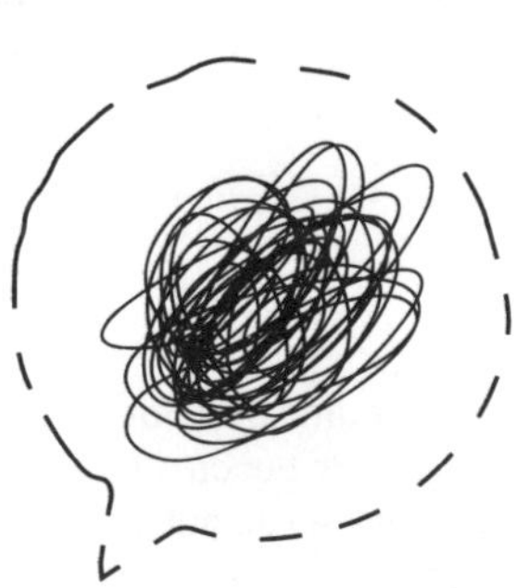

Esta é uma publicação Principis, selo exclusivo da Ciranda Cultural

Título: Minutos de inteligência: Estresse e ansiedade

Texto: © *Augusto Cury*
Diretor Comercial e Editorial: Juliano Fontoura
Gerente de Projetos: Elizângela Guerreiro
Revisão: Mônica Glasser
Diagramação: Manoela Dourado
Capa: Renné Ramos

Dados Internacionais de Catalogação na Publicação (CIP) de acordo com ISBD

C982m
Cury, Augusto
Minutos de inteligência: Estresse e ansiedade / Augusto Cury. - Jandira, SP : Principis, 2024
64 p. ; 15,50cm x 22,60cm. - (Minutos de inteligência)

ISBN: 978-65-5097-157-1

1. Autoajuda. 2. Brasil. 3. Reflexão. 4. Filhos. 5. Pensamentos. 6. Autodesenvolvimento. 7. Família. I. Título. II. Série. III. Série.

CDD 158.1
2024-1825 CDU 159.92

Elaborado por Lucio Feitosa - CRB-8/8803

Índices para catálogo sistemático:
1. Autoajuda : 158.1
2. Autoajuda : 159.92

1ª edição em 2024
www.cirandacultural.com.br

DreamSellers Editora

DREAMSELLERS EDITORA
www.dreamsellers.com.br
editora@dreamsellers.com.br

AUGUSTO CURY

O PSIQUIATRA MAIS LIDO DO MUNDO

minutos de inteligência

ESTRESSE E ANSIEDADE

Principis

Muitos pensam que o mal do século é a depressão, mas apresento outro mal, talvez mais grave, mas menos perceptível: a ansiedade decorrente da Síndrome do Pensamento Acelerado (SPA).

Pensar é bom, pensar com lucidez é ótimo, porém, pensar demais é uma bomba contra a saúde psíquica, o prazer de viver e a criatividade. Não são apenas as drogas psicotrópicas que viciam, mas também o excesso de informação, de trabalho intelectual, de atividades, de preocupação, de uso de celular.

Você vive esses excessos?

A humanidade tomou o caminho errado. Estamos adoecendo rápida e coletivamente!

Para muitos, incluindo médicos, advogados, jornalistas, policiais, professores e funcionários de empresas, a mente é um verdadeiro depósito de pensamentos perturbadores.

Pesquisas revelam que 80% dos jovens do mundo apresentam sintomas de timidez e insegurança.

Se considerarmos a Síndrome do Pensamento Acelerado como um transtorno de ansiedade, será difícil encontrar alguém que tenha saúde psíquica plena.

As pessoas que têm a SPA são frágeis? De modo algum!

São elas desinteligentes? Em hipótese alguma! Elas têm habilidades como qualquer *Homo sapiens*, mas lhes falta a capacidade de proteger sua emoção e gerenciar seus pensamentos.

Os fenômenos que constroem cadeias de pensamentos estão num movimento contínuo e inevitável, num fluxo ininterrupto, num estado de ansiedade vital.

A ansiedade vital, gerada pela solidão da consciência virtual, é saudável, pois movimenta todo o processo de construção do psiquismo, sejam pensamentos, ideias, personagens, ambientes, desejos, aspirações.

A ansiedade vital torna-se uma ansiedade doentia quando contrai o prazer de viver, a criatividade, a generosidade, a afetividade, a capacidade de pensar antes de reagir, a habilidade de se reinventar, o raciocínio multifocal, entre outros.

Quem tem uma mente agitada, é uma máquina de se informar e de pensar, ultrapassou os limites saudáveis da movimentação psíquica e desenvolverá a SPA.

A Síndrome do Pensamento Acelerado é como um filme editado em altíssima velocidade. Só há apreço nos primeiros segundos, depois o desprazer atinge o espectador.

Um dos mecanismos psíquicos que mais transformam essa ansiedade vital numa ansiedade asfixiante é a hiperconstrução de pensamentos.

A ansiedade vital é um testemunho solene de que pensar não é apenas uma opção do *Homo sapiens*, mas é inevitável.

Se o Eu não construir cadeias de pensamentos numa direção lógica e coerente, fenômenos inconscientes as produzirão. A ansiedade vital estimula uma dança de fenômenos nos bastidores da nossa mente, mesmo quando dormimos.

Os sonhos representam um reflexo dessa fascinante movimentação construtiva.

Estamos nos estressando rápida, intensa e globalmente na era dos computadores e da internet. Estamos levando a psique a um estado de falência coletiva e não percebemos o mal do século.

Mesmo se o conteúdo for positivo, culto, interessante, o aceleramento do pensamento por si só gera um desgaste cerebral intenso, produzindo a mais importante ansiedade dos tempos modernos, com a mais rica sintomatologia.

Não precisamos ter tido uma infância doente para sermos adultos ansiosos; basta termos uma mente hiperacelarada que adoeceremos.

A humanidade tomou o caminho errado.

Você tem a bomba da Síndrome do Pensamento Acelerado em sua mente?

Se tem, é preciso desarmá-la. Quem pensa excessivamente, sem nenhum gerenciamento por parte do Eu, sofre um desgaste cerebral altíssimo, com graves consequências para seu futuro profissional, emocional e social.

Nós podemos acelerar tudo no mundo exterior com vantagens: os transportes, a automação industrial, a velocidade das informações nos computadores, mas nunca deveríamos acelerar a construção de pensamentos. O fenômeno do autofluxo, que deveria ser a maior fonte de entretenimento, motivação e inspiração do *Homo sapiens*, tornou-se a maior fonte de estresse, ansiedade e sintomas psicossomáticos.

É vital desenvolver, nesta sociedade estressante, habilidades para gerenciar pensamentos; caso contrário, nossa emoção será um barco sem leme, um carro sem direção.

E é quase impossível não se acidentar. E não há possibilidade de não entrar nesse veículo, pois nós somos o veículo.

Muitas pessoas não admitem lixo no carro, na cozinha, no escritório ou no quarto, mas admitem acumular lixo no mais fascinante espaço: o da própria mente. Não é isso um paradoxo? Como não ser vítimas da ansiedade se somos relapsos no único lugar onde é inadmissível deixar de atuar?

Qualquer um coloca tranca na porta de casa, mesmo nos países mais seguros. Mas sua personalidade é uma casa sem proteção. Uma emoção desprotegida tem um Eu flutuante.

Momentos alegres se alternam com momentos tristes, bom humor alterna-se com isolamento, segurança e ciúme fazem parte do mesmo cardápio.

Lembre-se sempre: nossos piores inimigos não estão fora de nós.

Capacitar o Eu para ser gestor psíquico não é apenas vital para a desaceleração do pensamento; é também fundamental para promover uma emoção saudável e uma mente criativa.

No mundo todo, academias de ginástica exercitam o corpo, colégios ensinam habilidades técnicas e autoescolas ensinam a dirigir veículos, mas praticamente não há escolas que eduquem e treinem o Eu para dirigir o mais complexo de todos os veículos, a mente humana.

Mas tal capacitação parece algo inalcançável nesta sociedade exteriorizante. Entretanto, é possível! O seu Eu está capacitado? Porque temos um rico sistema sensorial que nos conecta com o mundo externo, viciamo-nos em atuar nele e não nos equipamos para intervir nos solos psíquicos. Deixamos essa responsabilidade para a psiquiatria clínica e a psicoterapia quando já estamos doentes, ou ainda para a espiritualidade, a filosofia e os autores de autoajuda. Cometemos erros graves por não termos desenvolvido ferramentas psiquiátricas, psicológicas, psicopedagógicas e sociológicas para prevenir os transtornos emocionais e potencializar as funções mais importantes da inteligência.

Milhões de pessoas só percebem as consequências de terem sido jovens emocionalmente inquietos depois que se tornam adultos frustrados, irritadiços, com baixa capacidade para suportar contrariedades e lutar por seus sonhos.

Casais só conseguem perceber a falência da relação quando já perderam o respeito, o bom humor e a capacidade de admirar um ao outro. Profissionais só constatam as consequências da ansiedade crônica depois que já se tornaram ultrapassados, perderam a capacidade de se aventurar, de se reinventar e de pensar em novas possibilidades, enfim, quando já foram sequestrados pelo medo do futuro.

Você se permite ser sequestrado por seus pensamentos?

No teatro social, as pessoas mais passíveis de serem sequestradas são as abastadas, ricas, famosas. No entanto, no teatro psíquico, todo ser humano, seja rico ou miserável, celebridade ou anônimo, intelectual ou iletrado, é passível de ser sequestrado – sequestrado pelo estresse, pelas fobias, pelo humor depressivo, pela impulsividade, pelo sentimento de culpa, pela autocobrança, pela necessidade neurótica de se preocupar com os outros.

Seja inteligente: respeite-se, opte pela vida! Mas não se puna se até hoje você foi ótimo para os outros e péssimo para si. Reinvente-se.

Ansiedade é um estado de tensão que nos impele, motiva, anima, provoca reações. Portanto, a ansiedade é primordialmente saudável.

Sem a ansiedade teríamos uma mente engessada, encarcerada pela mesmice, vítima do tédio. Não teríamos a curiosidade, o prazer de explorar, de correr riscos, de construir novas relações.

Quando, então, a ansiedade se torna doentia? Quando assume sintomas psíquicos negativos contínuos e intensos, como irritabilidade, humor depressivo, angústia, baixo limiar para frustrações, fobias, preocupações crônicas, apreensão contínua, obsessão, velocidade exacerbada dos pensamentos.

Em todos os tipos de ansiedade, existe a participação de fenômenos inconscientes que constroem pensamentos; esses fenômenos são os engenheiros dos vários tipos de ansiedade.

Uma das dificuldades mais complexas da psicologia é entender que a construção de pensamentos é um processo multifocal, e não unifocal. Não construímos pensamentos apenas porque queremos, como uma decisão do Eu (que representa nossa capacidade de escolha e a consciência crítica); existe também uma rica produção de pensamentos promovida por fenômenos inconscientes: o gatilho da memória, o autofluxo e as janelas da memória.

O grande desafio do Eu é educar-se para gerenciar a ansiedade, iniciada pelos fenômenos inconscientes que nutrem preocupações, obsessões, tristeza, pessimismo, pensamento acelerado.

Sua grande meta é sair da plateia, da condição de espectador passivo, e subir ao palco para dirigir seu *script*, ter autocontrole, pensar antes de reagir, abrir as janelas para dar respostas inteligentes.

Se o Eu não produzir pensamentos numa direção lógica, os demais fenômenos poderão fazê-lo, provocando diversos níveis e tipos de ansiedade, dependendo da qualidade ou da velocidade dos pensamentos produzidos. Apesar de depender dos atores coadjuvantes, o Eu é, ou deveria ser, o gestor global de nossa mente.

A ansiedade é um estado de tensão psíquico; o estresse é um estado de tensão cerebral. Um causa o outro, e vice-versa.

Na ansiedade, o pensamento está, em muitos casos, acelerado ou agitado; no estresse, essa agitação mental se traduz em fadiga excessiva. A fadiga excessiva, por sua vez, acelera o pensamento e não nos permite descansar da forma correta. Na ansiedade, existe baixo limiar para suportar frustrações, gerando irritabilidade. No estresse, essa irritabilidade pode se manifestar na forma de dores de cabeça ou musculares; dores de cabeça ou cefaleias diminuem mais ainda o limiar de frustração.

O ser humano intelectualizado, mas cujo Eu não é um bom gestor da própria mente, cria feras e produz serpentes em seu imaginário.

Assim como existe a ansiedade saudável, há o estresse vital e saudável. Ele é definido como um estado de ansiedade canalizado para o metabolismo cerebral, capaz de gerar reações psicossomáticas (manifestações físicas de origem emocional) que preparam o indivíduo para lutar ou para fugir da situação de risco. Aumento da pressão sanguínea, da frequência cardíaca, da ventilação pulmonar e da produção de uma série de substâncias metabólicas faz parte do grupo de elementos que prepararam o ser humano para preservar a vida diante de ameaças.

Portanto, o estresse é um mecanismo fundamental de preservação da existência. Sob ameaça, o organismo contra-ataca ou se esconde. Quanto mais sofisticado for o organismo, mais complexos serão os mecanismos estressantes.

Quando o estresse é considerado doentio?

Quando produz sintomas frequentes e intensos. É o que está acontecendo nas civilizações digitais, na era do *smartphone*, da internet, da competição predatória.
O ser humano não precisa ter um predador natural em seu encalço para se perturbar; o homem é tão criativo em seu psiquismo que cria esse predador – por exemplo, quando sofre constantemente pelo futuro; sofrer de vez em quando pelo que ainda não aconteceu é suportável, mas sofrer todos os dias é intolerável.

Domesticar vampiros emocionais é uma tarefa vital. Você está preparado?

Nos bastidores da mente humana, um fantasma nutre o outro: o medo nutre o pensamento perturbador, que nutre a angústia, que nutre a ansiedade, que nutre o medo.

A movimentação exacerbada dos pensamentos desencadeia um desgaste cerebral intenso, produzindo ansiedade, que estressa o cérebro e gera sintomas físicos que, por sua vez, retroalimentam a ansiedade e o estresse. Sempre temos de ter consciência desse círculo vicioso.

Mentes estressadas rejeitam a solidão criativa.

A criatividade e a inventividade nascem no solo da solidão. Não é possível se interiorizar, elaborar ideias, libertar o imaginário sem viajar para dentro de si mesmo. Todavia, mentes estressadas detestam a solidão, pelo menos a solidão calma e criativa. São inquietas, agitadas, ansiosas, o que as atrapalha na hora de se conhecerem profundamente. Por viverem a síndrome da exteriorização existencial, as mentes estressadas frequentemente também são consumistas e projetam no ter o vazio do ser, o que aumenta o sentimento de culpa e retroalimenta o estresse.

> Escolas cartesianas e excessivamente cognitivas, mesmo as com mensalidades caríssimas, não fomentam a educação da emoção, não ensinam a arte da solidão criativa, a parte de contemplar o belo, o gerenciamento da ansiedade e os papéis do Eu como líder de si mesmo.

As escolas dessa linha pedagógica, tentando preparar seus alunos para ser bons profissionais, na verdade os preparam para ser estressados, irritadiços, com baixos níveis para suportar frustrações, e não para ser inventivos, proativos, ousados.

Infelizmente, o último lugar em que esses alunos querem estar é dentro da sala de aula. Os professores se tornam cozinheiros do conhecimento, que preparam o alimento para uma plateia sem apetite intelectual ou prazer de aprender, como Platão preconizava. Enfim, os alunos não aprendem as habilidades socioemocionais para ser autores da própria história, para ser autônomos como Paulo Freire sonhava.

Uma ansiedade e um estresse saudáveis inspiram sonhos, motivam, encorpam a curiosidade, fomentam a pesquisa, levam-nos em direção ao impossível.

Não devemos nos esquecer, entretanto, de que, se não controlarmos a ansiedade e o estresse doentios, seremos miseráveis ainda que atinjamos o apogeu do sucesso financeiro, social, intelectual, midiático.

A melhor forma de deixar de ser o piloto de sua mente e assassinar seu sonho é gravitar na órbita dos outros.

Ofensas, perdas, frustrações, rejeições, autopunição e traições que vivemos em nossas escaladas destroem nossa ousadia e habilidade, fazendo-nos despencar. O que faz você sofrer acidentes emocionais ou o desvia de seus objetivos?

Há milhões de seres humanos incríveis, mas que se sentem derrotados, desinteligentes, incapazes de realizar grandes pesquisas, projetos, construir empresas sustentáveis. Eles sucumbem às crises. Não lhes falta capacidade; na verdade, sobram-lhes doses de medo e de falsas crenças.

Na mente humana, há mais armadilhas mentais do que há presídios nas grandes cidades. Só que o cárcere mental é disfarçado com sorrisos, com maquiagem.

Porém, nenhuma mente é impenetrável. Só que não adianta tentar arrombar o cofre da própria mente e da dos outros; para abri-lo, é necessário usar as chaves corretas.

Uma emoção instável se nutre com desejos; uma emoção estável se alimenta com sonhos.

Duas palavras tão próximas, sonhos e desejos, mas há entre elas mais mistérios do que imaginam a psicologia e a filosofia.

Desejos – de ter bons amigos, de ser um excelente aluno, de gerenciar a ansiedade, de ser um ótimo profissional – não têm força para suportar o estresse que bate à porta. Sonhos, por sua vez, são projetos de vida que ganham mais força durante as derrotas ou crises. Só os sonhos podem nos fazer suportar as intempéries do estresse.

Muitas pessoas têm o desejo de virar a mesa em algumas áreas da vida, porém, não elaboram sonhos nem dão o máximo de si para se reciclar. Assim, continuam doentes, fracassadas, aprisionadas no cárcere da rotina e do medo.

Se você não estiver preparado para abrir mão das facilidades da vida, a ansiedade ou até a preguiça mental o vencerão.

Os mimos, o prazer imediato, a necessidade ansiosa de reconhecimento social abortarão seus projetos.

Para superar uma mente estressada e torná-la produtiva, o sonho precisa de disciplina; a disciplina, por sua vez, precisa de foco; o foco precisa de estratégia; a estratégia precisa de escolhas; e escolhas implicam perdas.

O potencial humano é ilimitado, mas é frequentemente asfixiado.

Estamos numa era ainda primitiva quanto à compreensão sobre os papéis do Eu como gestor da mente humana.

Nosso Eu nem sequer exerce controle de qualidade sobre os pensamentos perturbadores, a ansiedade, a impulsividade, a intolerância, o radicalismo, o extremismo; não qualifica emoções fóbicas, a angústia, a raiva, o ódio, a inveja, o ciúme, a irritabilidade e a impaciência.

Você conhece as emboscadas produzidas pelas janelas traumáticas ou *killer*? Seu Eu sabe proteger sua emoção?

Ele dá um choque de lucidez em seus pensamentos angustiantes ou os deixa soltos, esperando que se dissipem espontaneamente?

Gerencie a sua mente!

Pode-se aprender a operar aeronaves e empresas, mas, se o indivíduo não aprender a gerir a empresa “mente”, não saberá gerenciar a ansiedade, não controlará o estresse, enfim, não conseguirá operar com maturidade o veículo da emoção. Nesse caso, é quase impossível não perder o autocontrole com frequência. É quase inviável superar a necessidade neurótica de controlar os outros ou de se esconder quando pressionado.

Encantar-se com a existência é um passo além da contemplação do belo.

Estamos na era do entristecimento humano, embora tenhamos desenvolvido a mais poderosa indústria de lazer de todos os tempos. Depressão, ansiedade e ideias de suicídio vêm aumentando muitíssimo.

Isso ocorre porque não treinamos a contemplação do belo e o encanto com a existência nas sociedades estressantes e consumistas. Somos ingênuos ao pensar que esses fenômenos se aprendem espontaneamente. Não entendemos que essas Técnicas de Gestão da Emoção são mais difíceis de ser aprendidas do que as mais sofisticadas fórmulas matemáticas ou físicas.

O prazer de se doar.

Assistir a um bom filme, observar um belo quadro e ler um livro inteligente animam o psiquismo humano, mas fazer outra pessoa feliz vai além, gera uma explosão motivacional.

A emoção é o fenômeno mais democrático da existência humana: quanto mais irrigamos a emoção dos outros, mais expandimos nossa capacidade de nos encantar com a vida; quanto mais agimos como embaixadores da paz, mais a conquistamos para nós mesmos. Por outro lado, quanto mais promovemos intrigas, discussões e conflitos, mais nutrimos nossas armadilhas mentais, mais fomentamos nossa ansiedade e nosso mau humor.

Você é livre ou um prisioneiro no território da emoção?

Ninguém nasce livre ou prisioneiro no território da emoção; nasce-se neutro. Mas, se o Eu não aprender a gerir e proteger a emoção ao longo da vida, aumenta o potencial de encarceramento da emoção. Quase todos nós somos encarcerados pelo sofrimento por antecipação, pelo resgate de perdas e mágoas, pelo conformismo, pelo "coitadismo", pelo baixo limiar para frustrações, pela irritabilidade, pela ansiedade ou pelos mais diversos tipos de fantasmas mentais, como medo, ciúme, inveja sabotadora, mau humor, ansiedade, hipersensibilidade, autopunição, autocobrança.

Você sabe navegar nas águas da emoção?

Uma pessoa estressada tem uma emoção flutuante: ora está tranquila, ora irritada; num momento, parece ter autocontrole, noutro, tem reações explosivas. Entretanto, é possível, durante a estressante trajetória da conquista e desde que aplicadas as técnicas da gestão da emoção, proteger a emoção para mitigar a ansiedade e diminuir a flutuabilidade emocional. Ser emocionalmente saudável não é ser alegre sempre, mas preservar o máximo prazer de viver; não é ser destituído de ansiedade, e sim gerenciá-la para experimentar a tranquilidade tanto quanto possível; não consiste em não se deixar ser abarcado pelas preocupações e pelo humor triste, mas navegar nas águas da emoção para não sucumbir às tormentas.

O *coaching* do passado e o *coaching* moderno.

O treinamento de habilidades físicas, sociais e intelectuais sempre esteve presente na história humana. Entretanto, antes do século XVI e do surgimento das escolas, a educação não era transmitida na sala de aula; as crianças, dos 7 aos 15 anos, deixavam suas famílias para ser treinadas pelos mestres. Aprendiam a arte da ferramentaria, da tecelagem, da selagem de animais, da produção de vinhos.

Observavam os comportamentos e aprendiam as habilidades de seus líderes. Naquele tempo, erros, dificuldades, limitações, gestos descoordenados eram superados no processo eficiente de aprendizado entre mestre e aluno. A educação era "*coaching* na veia", carregada de sentido existencial e prático, diferente do que se vê nas escolas de hoje, em que o excesso de informação diminui a inspiração, aborta a criatividade, fomenta a ansiedade – em destaque, a Síndrome do Pensamento Acelerado – e, contraditoriamente, retrai o conhecimento.

Seja o diretor do *script* da própria história.

Um Eu tímido, fragmentado, distraído é incapaz de sobreviver ao caos, ainda que seja o caos da rotina. Quando não assume seu papel vital como autor da própria história, o Eu é abarcado por medo, ansiedade, timidez, preguiça mental, necessidade neurótica de ser o centro das atenções sociais.

Há muito mais seres humanos encarcerados do que livres no teatro social.

Somos mal equipados e mal treinados para gerir o território da emoção; nossas interpretações são controladas por cárceres psíquicos construídos em nossa memória: o cárcere do ciúme, da inveja, da necessidade neurótica de ser o centro das atenções, das fobias, do sofrimento por antecipação, da ruminação de mágoas, do conformismo. Que cárceres você possui? Reconhecê-los é o primeiro passo para libertar-se; negá-los é o primeiro passo para eternizá-los.

Há profissionais que dirigem reuniões, contudo, não sabem controlar minimamente sua ansiedade quando criticados ou desafiados. Há pessoas que andam sempre na moda, sorrindo, e passam a imagem de que são motivadas e alegres, mas, por dentro, estão chorando.

As sociedades modernas tornaram-se emocionalmente bipolares.

Estamos na era da democratização das informações, das redes sociais, da livre expressão das ideias. Mas também estamos numa era em que as pessoas têm contato com muitos, porém, raramente têm contato profundo com alguém; pisamos na superfície não apenas do planeta físico, mas também do planeta psíquico.

Nunca as emoções foram tão lábeis e instáveis. Num momento, um pai é paciente; noutro, tem reações explosivas. Num momento, um executivo é generoso ao explicar a filosofia da empresa; noutro, tem crise de ansiedade quando contrariado. Num instante, um professor expõe a matéria; noutro, tem reações explosivas por não conseguir controlar a classe.

Cinco segundos podem mudar uma história para o bem ou para o mal.

Em cinco segundos, não proferimos um belo discurso, apenas algumas palavras; não fazemos uma grande viagem, somente damos alguns passos; não desenvolvemos um grande projeto, só esboçamos uma intenção; contudo, sob o ângulo da gestão da emoção, nessa diminuta fração de tempo, podemos mudar uma história para o bem ou para o mal, podemos preservar ou destruir uma mente, enfim, podemos ter atitudes que tenham o poder de encarcerar o Eu e o poder de retroalimentar o núcleo traumático.

Cinco segundos são tempo suficiente para um pai, num momento de ansiedade, dizer ao filho: "Você me envergonha"; para um professor, num ataque de raiva, dizer a um aluno: "Você não vai ser nada na vida"; para um parceiro, sob tensão, dizer à sua parceira: "Não sei como te suporto". São declarações rápidas, mas com grandes consequências emocionais.

No instante em que são proferidas, janelas traumáticas inesquecíveis são construídas.

O líder sábio deve, acima de tudo, educar seu Eu para viver um romance com sua saúde psíquica.

Líderes tensos resolvem problemas, mas não previnem crises; apagam fogo, mas não evitam incêndios; aliviam sintomas, mas não debelam as causas.

Sob o enfoque da gestão da emoção, não é possível ser um grande líder social na atualidade sem sofrer o calor da ansiedade, sem sofrer algumas queimaduras. Até porque há um tipo de ansiedade vital e, portanto, saudável que anima, motiva, inspira o ser humano a ser eficiente, a superar desafios, a materializar os sonhos.

Seja rápido em questionar, mas paciente em analisar e responder.

Um grande empreendedor deve gerenciar a ansiedade para que ela não seja patológica (Síndrome do Pensamento Acelerado), não produza sintomas psicossomáticos, como fadiga ao acordar, dores de cabeça, hipertensão, nem sintomas psíquicos, como irritabilidade, intolerância, sofrimento por antecipação, déficit de memória. Todavia, para gerenciar a ansiedade, é necessário desacelerar o pensamento, não sofrer antecipadamente, não se submeter à ditadura da resposta, não "comprar" atritos provocados por outros, contemplar o belo, relaxar, proteger a emoção.

Não há seres humanos perfeitos e plenamente equilibrados, a não ser que estejam em coma.

Filhos são uma poesia na vida dos pais: encantam, inspiram, fazem borbulhar a emoção; contudo, em alguns momentos, dão imensas dores de cabeça. Além disso, não reconhecem que muitas vezes os pais adiam os próprios sonhos para que eles sonhem, e não se curvam em agradecimento. Talvez, nesses lampejos, alguns pais, se tivessem a liberdade plena de deletar a memória, apagassem seus filhos de sua história. Nesse caso, não os matariam fisicamente, mas assassinariam os milhões de experiências construídas na relação.

Em alguns momentos, mesmo as pessoas mais lúcidas abortam sua coerência, mesmo as pessoas mais calmas são golpeadas pela ansiedade, mesmo as pessoas mais dosadas têm reações estúpidas e impensadas.

Quem não tiver inteligência financeira esgotará seu cérebro e será um sério candidato a visitar psiquiatras e psicólogos.

Estamos na era da economia, do consumo responsável. Desperdiçar recursos ou gastá-los inadequadamente é cometer um crime contra as próximas gerações.

Um consumidor que deseja viver dias tranquilos nas sociedades capitalistas tem de saber que a presença do dinheiro não garante a felicidade, porém, a falta dele garante a infelicidade, o estresse e a ansiedade. Cuidar da saúde psíquica não é apenas proteger a mente, trabalhar as perdas e mágoas, mas também saber viver dentro do orçamento e não se iludir com o consumo.

O maior erro da espécie humana é devorar não os recursos naturais do planeta, mas os recursos da mente.

Qualquer nação séria tem de pensar no futuro, gastar menos do que arrecada em impostos, poupar recursos para investir em infraestrutura, educação e saúde.

Qualquer ser humano que deseja ter um planeta sustentável, sem escassez hídrica, insegurança alimentar, aquecimento global, deve mitigar a emissão de gás carbônico, poupar recursos naturais, reduzir o consumo de energia elétrica e de água, cuidar das florestas.

Mas e a sustentabilidade emocional – quem se preocupa com ela? Quem usa sua inteligência para poupar seus recursos psíquicos? Quem é educado para preservar e renovar a energia cerebral?

Sofrimento por antecipação.

O primeiro comportamento que precisa ser gerenciado por desgastar o cérebro de forma intensa e irresponsável é o sofrimento pelo futuro, a angústia por fatos que ainda não aconteceram.

O autofluxo deveria ser a maior fonte de pensamentos e imagens mentais que promovem a inspiração, a motivação e a curiosidade. No entanto, quando superestimulado pelo excesso de informações, pode se tornar fonte de ansiedade. Nesse caso, ele começa a ler a memória numa velocidade inédita, gerando a Síndrome do Pensamento Acelerado.

Hoje em dia, muitas crianças e adolescentes sofrem por antecipação, acordam cansados, têm dores musculares ou de cabeça, além de déficit de memória. Apesar de estarem começando a vida, seu cérebro já está esgotado.

Os gênios de hoje podem se tornar adultos com sérios problemas emocionais.

As crianças sabem mexer em computador, celular e *tablet* como ninguém, e seus pais as tratam como se fossem gênios. Não entendem que assim seus filhos alteram perigosamente o ritmo de construção de pensamentos, o que pode levar a déficits na construção de funções socioemocionais fundamentais, como baixa resiliência, proatividade e tolerância a frustrações. O desgaste cerebral contínuo faz com que os gênios desapareçam na adolescência e em seu lugar surjam jovens impacientes, irritadiços, inquietos, especialistas em reclamar e em querer tudo rápido e pronto.

Para neutralizar essa ansiedade crônica que se abate sobre crianças e adolescentes, pais e educadores deveriam envolvê-los mais em brincadeiras, investir no diálogo fora das redes sociais, bem como em atividades lúdicas diferentes dos videogames, como pintar, tocar instrumentos, praticar esportes, colecionar objetos.

Nada é tão belo quanto cultivar relações saudáveis e nada é mais deprimente que construir relações doentes.

Precisamos conhecer os papéis do Eu, que representa a capacidade de escolha, ser autor da própria história, um protetor do psiquismo, um jardineiro do território da emoção, um plantador de janelas *light* na memória de quem ama.

Brigar, gritar, impor ideias, nem de longe significa ter um Eu forte, mas, sim, frágil. Falar o que vem à mente, dizer sempre a verdade, nem sempre é a expressão de um Eu maduro, mas, sim, de quem não tem autocontrole.

Um Eu forte e maduro aquieta sua ansiedade, protege quem ama, pede desculpas sem medo, aponta primeiro o dedo para si antes de falar dos erros do outro, repensa sua história, exige menos e se doa mais, não tem a necessidade neurótica de mudar quem está a seu redor, conhece, portanto, todas as letras do alfabeto do amor inteligente.

O Eu deve ser equipado, em especial, para ser o Autor da sua história.

A vontade consciente de mudança ou superação de um conflito, por mais forte e poderosa, não é eficiente para remover a impaciência, a ansiedade, as fobias, o humor depressivo e a timidez de seu psiquismo. Não basta o Eu querer reorganizar sua personalidade; é preciso utilizar estratégias.

Para desenvolver estratégias o Eu precisa explorar e conhecer o seu próprio mundo. Ele precisa saber onde está e aonde quer chegar. Depois disso precisa estabelecer metas e em seguida fazer escolhas e, consequentemente, saber que todas as escolhas também envolvem perdas.

A melhor atitude de uma mulher inteligente que está sob o calor da ansiedade é não se obrigar a reagir, é se preservar.

Há mulheres hipersensíveis no ciclo de ovulação, quando as alterações hormonais geram uma importante tensão pré-menstrual. Tal tensão pode fechar as janelas da memória, dificultando o acesso do Eu a importantes informações e levando-as, nesse período, a serem irritadiças, intolerantes, mal-humoradas.

Conhecer a Teoria das Janelas da Memória pode ajudar a fazer a oração dos sábios nos focos de tensão: o silêncio proativo. É importante gerenciar a emoção e esperar a tensão passar para depois tomar atitudes. Não leve a vida a ferro e fogo. Respeite seus limites.

O Eu, como líder da psique, deveria aprender a romper as fronteiras das janelas *killer* e penetrar nas áreas das janelas *light*.

Há três grupos básicos de janelas da memória: as neutras, que contêm milhões de informações numéricas, endereços, dados; as janelas *light*, que financiam o prazer, a tranquilidade, a serenidade, a lucidez; e as janelas *killer*, que alicerçam o humor triste, a ansiedade, a agressividade, a irracionalidade, as fobias. Em relação a este último grupo, algumas dessas janelas são tão poderosas que as chamo de janelas *killer power*. Elas são lidas e relidas e destroem com facilidade nossa tranquilidade, autoestima, prazer de viver.

Eis a grande meta da mulher inteligente!

Nos focos de tensão, a melhor resposta é não dar resposta.

Quantas mães não são encarceradas quando um filho as ofende? Quantas professoras não perdem sua lucidez quando um aluno as decepciona? Quantas amantes não perdem seu equilíbrio diante de um parceiro que teve débil atitude? Mulheres, cuidado! Podemos ser livres por fora, mas não em nossas mentes.

Mulheres inteligentes são conscientes de que nos primeiros trinta segundos de ansiedade elas podem cometer os maiores erros de suas vidas. Palavras que jamais deveriam dizer para seus homens, e vice-versa, atitudes que mães jamais deveriam expressar para seus filhos, e vice-versa, são produzidas quando o Eu se torna vítima das janelas *killer*.

Killer quer dizer assassino. As janelas *killer* assassinam a saúde mental, bloqueiam o Eu como gestor de nossas mentes, impedem-no de ser livre e de dar respostas inteligentes.

O alívio da ansiedade nas compras.

Por usarem excessivamente o crediário ou cartão de crédito, algumas pessoas vivem atoladas em dívidas. Esquecem-se da tese "o dinheiro traz prazer, mas a falta dele traz tremenda dor de cabeça".

Seu Eu torna-se escravo de necessidades não necessárias. Seu sistema de recompensa é imediato.

Diante de um objeto de desejo, aumentam os níveis dos neurotransmissores dopamina e serotonina e transformam o ato da compra num momento mágico, capaz de elevar a emoção para os céus do prazer. Mas horas depois seu Eu cai na realidade, o que as leva para o inferno do sentimento de culpa. Portanto, vivem o ciclo: ansiedade-posse-prazer-culpa-ansiedade. São pessoas maravilhosas, mas precisam desenvolver uma mente contemplativa, que aprenda a consumir aquilo que o dinheiro não pode comprar.

Você é uma pessoa hiperpensante?

Pessoas com mente hiperpensante são agitadas, inquietas, não sabem se desligar. Sua ansiedade é intensa, não sabem relaxar, descansar, cuidar de sua qualidade de vida. São hiperpreocupadas, sofrem por antecipação e não poucas vezes ruminam o passado. São máquinas de atividades, vivem para trabalhar e não trabalham para viver.

Costumam ser as melhores profissionais do mercado. Portanto, são ótimas para suas empresas, embora sejam péssimas para si mesmas.

São escravas da ansiedade. Quando excessivamente hiperpensantes, ninguém consegue acompanhá-las. Detestam a rotina e a mesmice. Depois de dois ou três dias de férias, sua ansiedade não diminui, ao contrário, aumenta tanto que querem voltar ao trabalho, pois só se sentem vivas se tiverem problemas para resolver.

Se você quiser viver com pessoas que preencham todas as suas expectativas e que jamais lhe deem dores de cabeça, é melhor conviver com máquinas.

E impossível não termos algumas áreas de confrontos convivendo entre seres humanos. Somos mundos completamente diferentes vivendo num mesmo espaço: na sala de casa, de aula e das empresas. Uma das coisas que mais nos diferenciam e, ao mesmo tempo, mais nos aproximam é a emoção. Ela nos diferencia porque a cada momento estamos num estado emocional e nos aproxima porque frequentemente nossa emoção experimenta os mais diversos níveis de ansiedade.

Não reclame da ansiedade, mas dos altos níveis dela.

Há uma ansiedade aceitável, normal e até fundamental. Aquela que nos faz ter taquicardia diante de um olhar, sentir calafrios com um beijo, frio na espinha ao receber uma excelente notícia. Essa ansiedade normal também nos impulsiona a desejar, planejar e ter ambições saudáveis, superar barreiras, vencer limites, aceitar desafios. Sem essa ansiedade, os cientistas não seriam criativos, as mulheres não lutariam pelo que amam, os homens não seriam sonhadores. Enfim, não seríamos o *Homo sapiens*, uma espécie pensante e amante das aventuras.

A ansiedade doentia tem múltiplas manifestações.

Quando a ansiedade se avoluma, adoecemos nossas mentes, relações e atividades profissionais. Em alguns casos ela se traduz pela timidez. Fala-se pouco, mas pensa-se muito. Outras vezes se traduz pela excessiva extroversão. Fala-se muito e pensa-se pouco. E, ainda outras vezes, traduz-se pelo excesso de atividades, preocupações, obsessões.

Quem tem a necessidade neurótica de fazer críticas possui uma mente autoritária.

Há mulheres que fazem numerosas críticas diárias a seu parceiro. Criticam seu jeito de comer, andar, vestir, falar. Querem produzir um boneco eletrônico e não conviver com um ser humano. "Meu marido fala pouco, não elogia, é indiferente", reclama uma mulher. Outra afirma: "Meu namorado é impulsivo, reage sem pensar, não suporta ser contrariado". O que fazer? A pior coisa a fazer é criticá-los frequentemente, não deixar passar nada que as aborreça. A relação vira um inferno. A ansiedade da mudança gera o oposto do que se pretende, faz o outro se aferrar a seus comportamentos.

Se o Eu da própria pessoa não tiver consciência da necessidade de mudança e não atuar como autor de sua história, todo esforço de uma mulher para mudar seu parceiro será inútil.

A ansiedade na busca pela perfeição.

Homens e mulheres portadores de vigorexia passam horas nas academias malhando exaustivamente. Na maioria das vezes são pessoas encantadoras que se perdem numa ansiedade incontrolável em busca de um corpo ideal, musculoso, robusto. Não poucas vezes tomam anabolizantes para acelerar esse processo. Uma bomba para o corpo.
Em muitos casos, o culto ao corpo esconde uma rejeição ao estado natural do próprio corpo, que se considera frágil, desproporcional, destituído de beleza. É mais do que uma prática regular e saudável de exercícios físicos, é uma obsessão pelo corpo.

Se você não cuida de sua saúde, como cuidará dos seus sonhos?

Se lhe falta alegria na alma, como será possível inspirar a alegria em quem ama? Avalie com sinceridade sua qualidade de vida. Confira sua saúde psíquica. Está irritadiça, impaciente, angustiada e sua mente tornou-se uma fonte de preocupações, inquietações, atividades? Indague se vive tranquila ou se sofre por problemas que ainda não aconteceram. Não deixe de se perguntar quais são seus grandes sonhos. Você os tem cultivado ou enterrado?

Há milhões de mulheres que se esquecem de escrever a própria história.

Muitas mulheres são hiperpensantes, cuidam de todos, mas não se lembram de si mesmas. Esqueceram-se de que a vida é belíssima, mas brevíssima.

Mulheres inteligentes não sepultam seus sonhos no excesso de carga de trabalho nem nos solos da sua ansiedade. Sabem que, se não forem generosas consigo mesmas, aumentarão as chances de ser infelizes e adoecer.

Um Eu maduro aprende o alfabeto do autodiálogo, conversa consigo mesmo, aquieta sua ansiedade, protege-se contra o estresse diário, repensa sua história, transforma perdas em ganhos, crises em oportunidades.

Quantos não têm todos os motivos para sorrir e vivem deprimidos, angustiados? Quantos não tiveram uma infância serena e tornaram-se ansiosos e impulsivos? Quantos cresceram em casas protegidas, mas não sabem proteger minimamente a emoção e deixam pequenos problemas terem impactos enormes? Brigar, gritar, impor ideias, nem de longe significa ter um Eu forte.

Não há soluções mágicas; é necessário educar a emoção, equipar o intelecto.

Falar o que vem à mente, dizer sempre a verdade, nem sempre é a expressão de um Eu maduro, mas, sim, de quem não tem autocontrole. Um Eu forte e maduro aquieta sua ansiedade, protege quem ama, pede desculpas sem medo, aponta primeiro o dedo para si antes de falar dos erros do outro, repensa sua história, exige menos e se doa mais, não tem a necessidade neurótica de mudar quem ama; conhece, portanto, todas as letras do alfabeto da generosidade.

Como referência para esta obra, foram usados os seguintes livros – todos escritos por Augusto Cury:

Ansiedade: como enfrentar o mal do século

Ansiedade: autocontrole

Ansiedade: ciúmes

Gestão da emoção

Mulheres inteligentes, relações saudáveis